AF273635

DESPUÉS DEL POP

Un jurado compuesto por

Aurora Luque, Enrique García-Máiquez,
Julio Martínez Mesanza, Eloy Sánchez Rosillo,
Amalia Bautista y *Carmelo Guillén Acosta*

concedió a este libro
un ACCÉSIT del PREMIO ADONÁIS 2023

ELISA FERNÁNDEZ GUZMÁN

DESPUÉS DEL POP

ADONÁIS

694

EDICIONES RIALP

Madrid

© 2024 *by* Elisa Fernández Guzmán
© 2024 de la presente edición,
by Ediciones Rialp, S.A. - Manuel Uribe 13-15 - 28033 Madrid
ISBN (edición impresa): 978-84-321-6681-5
ISBN (edición digital): 978-84-321-6682-2
ISNI: 0000 0001 0725 313X
Preimpresión: www.produccioneditorial.com
Depósito Legal: M-1735-2024
Printed in Spain - Impreso en España

Estilo Estugraf, S.L. Ciempozuelos (Madrid)

Para mis padres.

Para Rocío,
que miraba fijamente la pizarra
mientras buscaba mi mano
por debajo del pupitre.

el amor de la primera adolescencia
es inexacto y cruel y a veces imaginario

JUANPE SÁNCHEZ LÓPEZ

Me gustaría que alguien más escribiera este libro.
Que lo escribiera ella, por ejemplo. Que estuviera
ahora mismo, en mi casa, escribiendo. Pero me toca
escribirlo a mí y aquí estoy. Y aquí me voy a quedar.

ALEJANDRO ZAMBRA

EL PATIO

LLEVAMOS dos horas riéndonos en el patio
desde aquí se ve tu cocina y a josé ramón
clavando cucharas en yogures de fresa
vivimos en un sitio sin playa ni heladerías
ni ríos para refugiarnos del calor

el verano podría acabarse hoy
y no nos daríamos cuenta

RECINTO FERIAL

QUÉ bien que has llegado
ahora que huele a caramelo
y los niños hacen ruido y las luces
son todas lilas y naranjas ahora
que han empezado a freír buñuelos
y a encender chorros de agua
que riegan trocitos de coco qué bien
que te has puesto tan guapa que rebotan
en tu pelo y tu ropa las luces y hueles
a chocolate a aceite y a frío hace tanto
tanto frío que me has dado tu chaqueta
tanto frío que me apetece
irme ahora a casa contigo

y creo que ya te he dicho
todo esto muchas veces
pero si descarrilaran las atracciones
o ardiera una cocina ambulante
y los niños gritaran y sus madres lloraran
yo me quedaría aquí quieta en el albero
me acurrucaría en el calor de tu chaqueta
y te seguiría mirando

A PESAR DE NO SER LISTA

HE intentado que me guste
ese grupo raro que ahora escuchas
de hombres serios y enfadados
no lo entiendo
no sé qué significan
las cosas que dicen
sobre espacios siderales
y sitios sucios y lejanos
no sé a qué te refieres
cuando hablas de política
de historia o vanguardismo
seguro por eso
no me has besado
por no haber leído
teoría feminista
y ensayos sobre arte
dilo ya
di que nunca me querrás
porque me gusta
el pop de la radio
el perfume de vainilla

la sombra de ojos brillante
que una vez dijiste
me agranda la mirada

DIGAMOS QUE MI CASA
ESTÁ FRENTE A TU CASA

Y puedo con un hilo y dos yogures hablarte al oído
ver desde la ventana del salón tu terraza
el tendedero tus abrigos calcetines reposando
todos juntos como un rebaño en la lluvia
buscando la luz o el amor de una madre

en este piso pequeño en un patio de vecinos
la gente parece de juguete y las flores del centro
dos álbumes de pegatinas aquí nadie nunca
nunca jamás ha madrugado escucho el agua hervir
las pompas romperse con la avena cuando tú ya llevas
por lo menos tres horas despierta he pensado aun así
en hacerte un café echarle leche y canela olvidar
    otra vez
que la canela no que la canela no te gusta no pasa nada
me dices no pasa nada yo aún guardo el derecho
de equivocarme en lo pequeño e inservible

esta casa no es muy grande pero puedo conseguir
que se parezca a la infancia que tuviste
te prometo que aquí siempre hará calor
y cabe toda la gente a la que quieres

LO QUE VI AL OBSERVARTE
EN LOS BOTELLONES

TIENES el pelo largo
diría que es rubio ceniza
te lo peinas hacia un lado dejando ver
el lóbulo carnoso de solo una oreja
desnudo sin pendientes parece
un albaricoque en la rama de un árbol
podría ahora mismo tocarlo con la lengua
llevármelo a la boca
morderlo y partirlo con los dientes notar
el zumo pegajoso de la fruta
mancharme la ropa y el cuello si no fuera
por tu novia que te envuelve con los brazos
apoya su barbilla en tu cabeza y puedo
adivinar lo que piensas te da vergüenza
ser tan bajita te gusta que te vean
con tu novia mayor e inteligente te apoyas
en el pie derecho y lo tuerces hacia dentro
por una leve desviación en la columna
que te hizo llevar corsé cuando eras niña

me resulta fácil encontrarte
entre todos los cuerpos de la fiesta

no sabes bailar pero has aprendido
a mover un poco la cabeza a levantar
el brazo izquierdo dejando caer
la muñeca al ritmo de la música
tienes los ojos de tu padre
los labios de tu madre
la piel morena la facilidad
de beber y hablar con elegancia
te pareces a las niñas de la tele
te pareces a la gente
que voy a amar en el futuro

CALLE CHAVES REY

NO hay nada en este barrio de sevilla
no hay niños ni perros ni tiendas de ropa
no hay librerías ni puestos de castañas
solo hay luz y ventanas y muebles viejos
detrás de las ventanas en este barrio
solo existe tu cuerpo asomado a la calle
tus dedos torcidos sujetando una taza caliente
pensando qué haré hoy qué haré mañana
para matar el tiempo podrías imaginarme
aquí en tu edificio ser entonces mi cuerpo
el que se asoma mis dedos los que absorben
el calor del barro y de la leche si tú quieres
podría yo también formar parte del vacío
ser igual que los muebles y la luz y las ventanas

EL FIN DEL MUNDO

LA vez que todos los adultos miraron la tele
y dijeron al unísono dios mío el mundo se acaba
tú te habías planchado el pelo
y venías a pasar la noche a mi casa

llovía fuera recuerdo todavía
tus pies torpes haciendo *chop chop*
en las baldosas rotas del patio
recuerdo mi salón en silencio
mi sofá de rayas de colores te recuerdo
sentada en la hendidura del cojín
derramando agua y riéndote al limpiar

no se sabía si era la inflación o el odio
la cota de nieve o el IBEX 35
alguna de esas cosas
de las que hablan siempre los adultos
se decía en la radio queridos oyentes queridos
oyentes yo les aseguro que esta noche
el mundo va a caerse a golpearse y hacer *boom*
no sabemos muy bien qué está pasando tendrán
que explicarlo los expertos dos siglos más tarde

cuando de entre las cenizas nucleares
resurja un grupo de entendidos
que nos vea en el salón de mi casa
cara a cara mientras todo se rompía

el momento cumbre de la sociedad occidental
son dos niñas adolescentes que se miran

tú de aquella ya eras lista me pregunto
si sospechabas que la construcción de las pirámides
la crucifixión de cristo los atentados terroristas
la invención de la rueda del teléfono móvil
la lista completa de presidentes reyes y empresarios
eran anecdóticos si ya sabías
que la historia completa de la humanidad
había sido el contexto la precuela el ruido de fondo
de que en aquella noche que todos recuerdan
tú te plancharas el pelo decidieras
poner los dedos sobre el timbre de mi casa
y llamaras a la puerta

QUE NO SE TE OLVIDE:

UN poema es una excusa
yo habría pintado un cuadro
compuesto un disco habría
ganado un premio nobel de física
para que las cámaras
del teatro de estocolmo te enfocaran
para que todo el mundo aplaudiera
diciendo
es verdad es verdad
qué niña tan guapa
qué manos tan bonitas

HAN DICHO EN LA TELE QUE ESTÁ
PROHIBIDO SALIR DE NOCHE

HOY he venido yo a tu casa
saludo a las vecinas
subo la cuesta paso el súper
es martes pero no hay clase
nadie tiene clase solo tengo
que poner el ordenador de fondo
hacer como que escucho
sí profe aquí estoy estoy aquí
en la casa de tus padres
en tu cuarto de la infancia
en otra vida estaría entrando
en la universidad subrayando
poemas son las ocho de la tarde
no me apetece leer subrayar poemas
me gusta más estar aquí
en la casa de tus padres
en el sofá del altillo aquí
hay pocas cosas hay dos ventanas
tres sillas dos pares de zapatos
me alegro de no escuchar
nada de lo que dice el ordenador

de no saber de literatura
de métrica o tristeza
son las nueve de la noche
me gusta tanto este sofá
y tumbarme en él contigo
son las diez de la noche
está muy oscuro casi
no veo tu cuerpo ni cómo se mueve
son las diez y media
no sé dónde he dejado
la boca no sé dónde terminan
mis manos y empieza tu vientre
son las once menos cuarto
no quiero irme y dormir
en otra cama tener solo
dos ojos y dos piernas
son las once menos cinco
crees que pasa algo
si me quedo aquí más tiempo
y me ponen una multa
y todo el mundo se entera
de lo tarde que hago y deshago
el camino entre tu casa y la mía

PARA SER UNA NIÑA ADOLESCENTE

NO hace falta ser niña
ni tampoco adolescente
el único requisito
es muy sencillo muy asequible
el único requisito es
elegir una obsesión
especialmente enfermiza
te preguntarás entonces
si los devotos si los forofos
si el papa y todos los obispos
son lo mismo que una niña
comprando entradas de un concierto
te digo que sí
que toda pasión visceral
es necesariamente femenina
necesariamente juvenil
que amor mío yo te elegí
como se elige una religión
amor mío yo me sé
de memoria tus canciones
he forrado mi carpeta
con fotos de tu cara amor mío

yo igual que dios
te creé con las manos
yo igual que dios
te perdono todo
lo que aún
no me has hecho

CHOCOLATE-MARASCHINO-LAYER-CAKE.HTML

SE tardan tres horas en hacer esta tarta
la hice muy temprano pensando
en el sol del mediodía reflejado
en el rosa brillante que la cubre
la hice pensando en mandarte una foto
decir mira en esto invierto el tiempo
cuando no estás conmigo cocino
porque es lo más parecido a amar
cuando estás lejos tamizo la harina
dando toquecitos delicados derrito
sobre mi piel el chocolate la mantequilla

se tardan tres horas en llegar de tu casa a la mía
eso significa que cuando el bizcocho cuaje
se enfríe y lo decore con azúcar y cerezas
tú podrías abrir la puerta decir sorpresa
cortarte un trozo sentarte conmigo decir
existo porque esta tarta tiene mi nombre
porque es mediodía y el sol se refleja en tu pelo

TENGO CATORCE AÑOS Y TE MIRO
EN CLASE DE GIMNASIA

HACE siete millones de años
dos humanos macho y hembra
se tumbaron entre piedras
a mezclar saliva
o lo que es lo mismo
hace siete millones de años
dos humanos —digamos
por protocolo cultural
que eran macho y hembra—
se amaron por primera vez
tal vez en la historia exceptuando
que aún no se llamaban humanos
y mucho menos deberíamos
catalogar de amor
aquello que les empujaba
a restregar sus cuerpos
el uno contra el otro
estos dos humanos no humanos
a pesar de no saberlo
recolectaban vegetales silvestres
mataban bisontes

y peces de colores
dormían en cuevas frías y oscuras
porque no existía
ni el fuego ni el lenguaje

los dos primeros humanos de la tierra
pudieron amarse a pesar de no tener
un refugio cálido en el que besarse
ni una palabra a la que llamar besar

miro cómo lanzas la pelota
hasta encestarla en la canasta
se tensan los músculos tiernos
de la parte interna del brazo
la camiseta corta se levanta
dejando fuera el abdomen
el lunar cerca del ombligo
la última costilla curvarse
la respiración agitada
arriba y abajo
abajo y arriba
aún no lo entiendo
pero creo
que algún día
tendrá nombre

CALLE NUEVA DE SAN ANTÓN

I love you. I'm glad I exist.

Wendy Cope

HAY muchas cosas en este barrio de granada
hay floristerías y bares y centros de belleza
hay bazares y fuentes y familias numerosas
hay un piso en el que vivo al que hoy
has venido y has traído la merienda
(dos zumos de naranja y dos porciones
de tarta de queso sin galleta ni compota)
te miro y pienso me hace tan feliz
vivir en un mundo con fuentes y familias
con amigos y mascotas y autobuses
que te dejan en la puerta de mi casa
justo cuando yo pensaba en merendar
un zumo de naranja y tal vez una porción
de tarta de queso sin galleta ni compota

ESTABA SEGURA DE QUE AL IRTE

NEVARÍA de madrugada en el pueblo
que el peso blanco del frío
formaría un agujero en la plaza
y caería mi pena y la nieve
a cuentagotas muy lento
por la parte de abajo del mundo
que seguro llovería
y se arrugarían las ciudades
las frutas y los árboles
el agua y el sabor
te irías y se llenarían de barro
las costillas de los perros
y la sed de los caballos

tuve razón y te fuiste
y llovió y lloré
y no pasó nada
en argentina ni australia
allí era verano
y los niños pequeños
aprendían sin prisa a nadar

DE TODAS LAS NOCHES
QUE NO VIVIMOS

MI favorita es aquella de otoño
en la que en tu cuarto me secas el pelo
y apenas hay luz y juraría
que fuera huele a castañas

(sé que te amé porque te vi
siendo anciana en un día quieto
me mirabas con las manos y no te asustaba
ni mi amor ni la muerte)

hice más bien poco
en las noches que no vivimos
engendré un par de hijos compré
polos de nieve y esencia de lavanda
por si la vida sedentaria
nos atrofiaba las rodillas

han pasado muchos años del futuro
hay días en los que no recuerdo
la forma de tu cuerpo en los que no me importa
no ser madre no haberte visto
tendiendo la ropa o nadando en el río

en los que no entiendo muy bien
por qué me pongo tan triste
cuando veo que ya ha oscurecido
y aún tengo el pelo mojado

ODIARÁS LA MÚSICA QUE TE GUSTÓ
A LOS DIECISÉIS

TENÍAS tres años cuando aprendiste a nadar
y doce la primera vez que te besaron
pasaste rápido por los años difíciles
nunca diste vergüenza y no te dio miedo
tener que irte de casa o aprender a conducir
es normal que mi cuerpo
se quedara pequeño tan pronto
que se convirtiera en otro objeto
inservible en la adultez
como los *posters* de nirvana
que hace ya tantos años
guardó tu madre en el altillo

QUIZÁ YA NO SIRVA DE NADA PERO

ME hubiera gustado saber
de qué color toman el café tus padres
si les molesta mucho cumplir años
ver cómo la cera y el fuego manchan la tarta
si prefieren la de hojaldre o limón o vainilla

me hubiera gustado mucho
poner la mesa con tu hermano palpar
el mantel de flores la vajilla buena
el hilillo de plata que rodea
la sopa la carne y el pan hubiera querido
ser para los tuyos una extensión de tus brazos
otro regalo de reyes haberte nombrado
en todas las plazas parques y poemas
formar un escándalo sacar a todas las vecinas
niños panaderos a los umbrales de las casas

en el pueblo el amor sigue siendo un evento
en el pueblo el amor llena las bocas y gotea
como supongo que gotea el zumo de uva
por tu barbilla y las de tus primos
cuando el reloj marca las doce en año nuevo

SI LA VIDA ES CÍCLICA

SI gira si marea
y es una pareja en la noria
una bailarina de azúcar
si da la vuelta si es reversible
y es un chaquetón de punto
una colcha de princesas
si consigo entonces
volver a ser niña
y puedo por fin
comer y amar sin culpa
si la vida es una esfera
un helado de pistacho
de nata con piñones
un chicle relleno
que pringa los labios
y pudre los dientes
una pelota de tenis de pimpón
si bota y vuelve a mí
en la boca de un perro
si la vida es cíclica
y la adolescencia un deseo
los años en los que me quieres
son todavía el futuro

FELICES VEINTIDÓS

NO voy a ir a tu cumpleaños
espero que lo entiendas
me alegro mucho
de que ya tengas veintidós
espero que llegues
a todas las edades
que antes daban miedo
y que ahora solo son
una oportunidad
de dejar de parecerte a mí

VELAS BLANCAS

OJALÁ termines este año la carrera
y te den la beca y no tengas
que buscar trabajo nunca
ni llores ni vuelvas a vivir
en un piso a las afueras

rezaré para que no sientas
que decepcionas a tus padres
a tus amigos o a ti misma
para que nunca sea invierno
y estés cerca de la playa

pondré velas blancas cada día
para que siempre estés contenta
rodeada de gente que te entiende
y cuando sea de noche
y hayas cenado y te hayas tapado
con sábanas limpias y planchadas
solo encuentres la tristeza necesaria
para poder echarme de menos

DEJO AQUÍ UN POEMA TUYO

NO recuerdo cómo nos conocimos
tampoco recuerdo de forma muy nítida
aquel piso tuyo del centro
ni el ascensor en el que nunca montamos
por tu miedo a morirnos siendo jóvenes
y teniendo tantas cosas que contar

no me tengas en cuenta la falta
sabes que yo te he querido
sin ser consciente del tiempo
y te juro voy a extrañarte
como a un recuerdo extraviado
de los primeros años de infancia

lo siento de verdad me gustaría
seguir siendo adolescente
pero crecer es olvidar
y olvidar solo es
dejar el amor en su sitio

TODO SIGUE IGUAL

TE manchas de vino la ropa
alison y carmen se ríen de ti
yo pienso por qué alguien querría
escribir de política o historia
si existes tú empapada de vino
a las seis y media de la tarde

ESTOS SON LOS POEMAS
QUE TE HE ESCRITO

*Me gustaría mucho publicar este libro
de poemas para ti.*

PAULA MELCHOR

*Me preocupa no haberte explicado
bien,
que crean que eres otro tipo de persona.*

ALBA FLORES ROBLA

NO son buenos ni importantes pero son
los poemas que he podido escribirte

a decir verdad me hubiera gustado
haberte hecho mejor un par de fotos
que al verlas la gente
no pensara en sus primeros amores
ni en el quiosco de sus pueblos
me gustaría

que olvidaran a sus vecinas
hijos y rupturas
y en su lugar
te vieran a ti

tú
con el pelo brillante y recogido
los últimos días de agosto
dejando el móvil en la orilla
para bañarnos en el mar

que al pasar el tiempo
y estés enferma y estés casada
y estés tal vez
a punto de morir
te veas
con el jersey de punto celeste
sentada al fondo del autobús
viajando de noche para verme

cuando tu hija mayor te pregunte
por este libro pequeñito
espero que le digas
no es nada cariño
fui tan guapa siendo joven
que una amiga de hace tiempo
escribió cursiladas sobre mí

MI PEQUEÑA VIDA

ME casé un día de junio
en una boda de mañana
elegí flores elegantes
vestido de sirena
elegí una novia dulce
de cara fina y ojos suaves
a la que nunca tuve
que andar imaginando

nadie interrumpió la ceremonia
diciendo *por favor me desespera*
todo esto que siento
por una de las novias
elisa yo te quiero
desde que tengo quince años
y te busco como se busca
un sitio al que volver

lloró todo el mundo
en mi boda sin disgustos
los hijos de diana
llevaron los anillos

mi amor sincero y simple
dio para pasar
las mañanas de junio
del resto de una vida

tuvimos una hija
mi mujer serena y yo
jugamos con ella
en parques de pueblos
parecidos a los nuestros
vacíos y aburridos
un lugar perfecto
no es más que una infancia
con padres que se quieren

publiqué un par de libros
enseñé inglés por las tardes
duró mi cuerpo mientras pudo
alimentarse de cariño
y pasteles de cereza

viví noventa y seis años y medio
igual que toda mi familia

tuve una mano que agarrar
justo antes de morirme
no la tuya
pero una mano
al fin y al cabo

SE ACABÓ EL VERANO

MAÑANA me iré pero hoy te pediría
un hueco en el sofá para dormirme
prometo no molestar solo quiero
escuchar de fondo cómo te ríes
en el patio con todos tus amigos

ÍNDICE

ADONÁIS
COLECCIÓN DE POESÍA

Director: CARMELO GUILLÉN ACOSTA

ÚLTIMOS VOLÚMENES PUBLICADOS:

Las obras que han obtenido el Premio «Adonáis» aparecen numeradas en negrita.

ESTA PRIMERA EDICIÓN DE
«DESPUÉS DEL POP»,
DE ELISA FERNÁNDEZ GUZMÁN,
VOLUMEN 694 DE LA COLECCIÓN «ADONÁIS»,
PUBLICADA POR EDICIONES RIALP, S.A.,
MANUEL URIBE 13-15, MADRID,
SE ACABÓ DE IMPRIMIR EN LOS TALLERES DE
ESTILO ESTUGRAF, S.L.,
CIEMPOZUELOS (MADRID),
EL DÍA 29 DE ENERO DE 2024.